LE GRAND VOYER DE FRANCE.

A MONSEIGNEVR LE Duc de Sully.

A PARIS,

Chez IEAN REGNOVL, demeurant en la ruë du Foin.

M.DC X.

DV GRAND VOYER
de France.

ESSIRE Maximilien de Be-
thune, Duc & Pair de France , à qui sa Majesté a confié
tous les plus grands & im-
portans affaires de son Estat
& de ses finances , & qui tient en sa main
tous les nerfs & les forces , toute l'Artille-
rie, & munitions du Royaume , a esté honoré de l'office & dignité de grand Voyer
de France , nouuellement creé pour combler d'honneur & de gloire ses nouueaux
& rares merites. Et bien que ce haut & re-
leué subject desirast vne pareille eloquence
pour le faire paroistre tel qu'il est : si est-ce
que desirant conjouyr à ma patrie d'vn si
grand bien, ie me contenteray de faire cõ-
me ceux qui voguent dans l'Ocean, lesquels ne pouuans jetter la veuë sur tout le
corps de ce vaste Element, en comprennét
autant que la pointe dè leurs yeux se peut
estendre. Ce mot de Voyer vient de voye,

qui eſt pris du Latin *via*, que Varron tire du verbe *vehere* : pource que la voye dans les liures des Iuriſconſultes, c'eſt le droiɛt d'aller, de mener cheuaux, ou autres beſtes, & de marcher : de ſorte qu'elle comprend en ſoy le chemin, qui eſt le droiɛt d'aller & marcher ſans cheual, qui s'appelle en Latin *Iter*, & le droiɛt de mener cheual ou chariot, que les meſmes Latins appellent *actum* : & outre tout cela, de traiſner de groſſes pierres & cheurōs. La loy des douze Tables, comme nous apprenons du Iuriſconſulte Caius au ſeptieſme liure ſur l'Edit du Preteur, a voulu que la voye euſt huiɛt pieds de large en eſtenduë & ſeize en deſtour, ce que Varron meſme a remarqué dans ſes liures de la langue Latine. Toutesfois le Iuriſcōſulte Paulus au quinzieſme liure à Sabinus, dit que la voye peut eſtre plus large que huiɛt pieds, & plus eſtroiɛte auſſi, pourueu qu'elle ſoit aſſez large pour y paſſer vne charrette; Et peut-eſtre que l'on doit rapporter à ceſte meſme loy ce que dit l'Orateur Ciceron en l'vn de ſes plaidoyez, que ſi la voye n'eſt bien munie & dreſſée, il eſt permis de mener ſon cheual par où l'on voudra. Or le Iuriſconfulte Vlpien nous apprend qu'il y a trois sortes de voyes, les vnes font publiques, les autres priuées, & les autres vicinales. Les publiques font q̃ les Grecs appellent Royales, les Latins Pretoriennes ou Confulaires : Les priuées font les voyes agraires ou des champs : & les vicinales font celles qui font és villages ou hameaux, ou qui menent aux villages & hameaux, lefquelles font publiques, fi elles ne font faictes par la contribution des particuliers. Les voyes priuées fe prennent en deux façons, ou pour celles qui font dans les champs, aufquelles on impofe feruitude de mener & conduire au champ d'autruy, ou pour celles qui conduifent aux champs, par lefquelles il eft permis à chacun de paffer, & dans lefquelles on fort de la voye publique ou Royale, & telles voyes font reputées publiques, comme dit Vlpien. Mais elles different d'auec les Royales ou militaires en cela, que les militaires ont leur fortir à la mer, ou à vne ville, ou à vne riuiere, ou à vn autre voye publique : mais les vicinales, ou bien elles entrent en vne voye militaire, ou finiffent fans aucune fortie. Or la puiffance & l'authorité du grand Voyer s'estend sur tous les chemins du Royaume, d'où l'on peut estimer en general sa grandeur, importance, & necessité. Les Theologiens mesmes nous la monstrent en ce qu'ils ont appellé la vie de l'homme, le chemin : c'est pourquoy Dauid disoit au Psalme 118. Bienheureux sont ceux qui sont sans tache en la voye, c'est à dire en la vie, & qui cheminent en la loy du Seigneur. Voila pourquoy pendant que nous sommes en ceste vie, nous sommes appellez voyagers & pelerins. Qui considerera donc qu'aucune partie de la vie, soit en public, soit en particulier, ne se peut passer des chemins, il cognoistra que toutes les autres charges & dignitez dependent entierement de celle du grand Voyer, qui tient tous les chemins en sa puissance, & procure l'entretien, la garde & seureté d'iceux ; de sorte que l'on peut dire que ce grand Magistrat est tousiours en sentinellle pour le salut de tout l'estat : c'est luy qui entretient la paix, la concorde, & la liberté publique ; & sans sa vigilance, les chemins seroient tous sanglans de carnages & de massacres, & affligez de brigands & de voleurs : de sorte que

les Preuofts des Marefchaux, que nous pouuons appeller à l'imitation des anciens, Ire-
narques, ou Preuofts, Gardiens, & adfer-
teurs de paix, ou curateurs du repos, & de
la tranquilité publique, qui font la ronde
par les champs, pour furprendre les mef-
chans, & les mettre entre les mains de la
Iuftice: les Preuofts, dif-ie, font les execu-
teurs & miniftres de noftre grand Voyer,
exerçans vne partie de fa puiffance. C'eft
fon deuoir de chaffer les beftes cruelles des
chemins publics, il a la cognoiffance des
guetteurs de chemins & des crimes & delicts faits en iceux, laquelle cognoiffance
eft neantmoins permife par le Roy aux Seigneurs Chaftelains, lefquels pour cefte oc-
cafion, Bartole eftime deuoir reprefenter
les delinquans, ou payer les dommages
qu'ils ont fait. Et à ce propos nous lifons
dans les vieux regiftres de la Cour, que par
Arreft de la Touffaincts, donné en l'an
1263. Le Comte d'Angoulefme fut con-
damné de rendre les deniers à vn marchãd
que les voleurs luy auoient defrobé, dans
le territoire du Comté. Tout de mefme
l'Ariftote raconte en fes merueilles, qu'il y
a vn chemin d'Italie en Gaule qu'ils appel-

lent Heraclean, auquel tous les paſſans &
Grecs & eſtrangers ſont ſuiuis & accom-
pagnez par les habitans , de peur qu'il ne
leur arriue aucun mal , pource que ſi cela
eſtoit arriué, ce ſeroit à eux à le reparer par
les loix de ce pays là. Ceſte belle façon
d'empeſcher les larrons & aſſiegeurs de
chemins eſt encores gardée en quelques
endroicts d'Italie, comme teſmoigne Al-
ciat, que ſi on vole quelqu'vn en vn chemin, les habitans ſont tenus aux dommages & intereſts , ou à repreſenter le voleur,
& en ce pays-là la loy ſe pratique meſmes
aux eſtrangers , contre l'opinion de Paul
de Caſtres en faueur de la garde des chemins , où les paſſans ſont tenus & reputez
pour ſubjects. Et ce droit eſtoit gardé par
Cumanus gouuerneur de Syrie , comme
nous apprenons de Ioſephe au liure ſecond
de la guerre Iudaïque, qui tenoit les habitans pour voleurs qui n'apprehendoient
point les larrons. Donc le grand Voyer
doit auoir la cognoiſſance des crimes có-
mis és chemins comme auoit jadis le Curateur des voyes , auquel on donnoit des
Sergens pour executer ſes ſentences cri-
minelles , & non par les Seigneurs hauts
Iuſticiers

Iusticiers,pource que les chemins publicqs
ne sont pas faits des champs , comme les
voyes Vicinales : toutesfois par la concef-
sion du Prince , les Seigneurs sont aussi
Voyers, & cognoissent par nos coustumes
de ces crimes, & par vne autre raison, qui
semble auoir quelque apparence, de peur
qu'en attendant les Lieutenans du grand
Voyer, la preuue ne se perde , ou le delin-
quant ne s'enfuye. Or c'est a faire aux Officiers du grãd Voyer de prēdre garde qu'on
ne jette des ordures & immõdices, & choses qui puissent incommoder la santé , &
qu'il ne se face des noises & des tumultes&
seditions, qu'on n'empesche le chemin de
personne, & qu'on ne face point de pont
dans les ruës ou choses semblables , qui
empeschent la liberté publique. Ce qui
n'est pas chose de peu d'importance, de tenir les voyes nettes , & d'en oster tous les
empeschemens, qui souuent apportent de
grands malheurs,& inconueniens,comme
en l'année 1131. il aduint que Philippe fils
de Louys le Gros , que son pere auoit fait
couronner Roy , fut renuersé de son cheual,espouuenté de la rencõtre d'vne truye,
en telle sorte qu'incontinent apres il en

B

mourut, & croy que pour ceste occasion le
Roy Iean fit vn Edict en l'an 1350. repeté
en l'an 1400. de ne tenir porcs à Paris, excepté ceux de l'Hospital S. Anthoine, qui
peuuent estre iusques à douze, allans par la
ville, portans sonnettes. Cest entretien soigneux des chemins & passages, fait que les
subjects du Roy payent sans force & vio-
lence les subsides, qui leur sont imposez,
comme disoit elegamment le Poëte Claudian.

Patrium vestigal soluere gaudet
Immunis qui fraude fuit
Inque suos fines tandem redeunte colono
Illyris iterum ditabitur Aula tributis.

C'est ce grand Officier qui fait entretenir
aux soldats, & à toutes personnes ceste belle ordonnance de l'Empereur Alexandre
Seuere, qu'aucun ne se destourne du grand
chemin en la possession d'autruy, & qui fera tousiours estimer vne chose execrable,
de ne monstrer pas le chemin aux esgarez.
C'est luy qui peut contraindre les proprie-
taites des maisons, exempts & non exempts
de refaire & racoustrer les chemins pro-
ches de leurs edifices, suiuant les loix ciuiles & Edicts des années 1388. & 1419. par

lesquels il est enjoint, que tous Bourgeois, Eglises, & Communautez facent faire les chaussées & paué au deuant, & autour de leurs maisons, Eglises, murs, & clostures, excepté en l'ancienne croisée de Paris, & aucunes ruës & places qui y appendent, où le Roy est tenu de le faire. Et quant aux chemins des champs, c'est luy qui côtraint les possesseurs des terres adjacentes de les reparer, suiuant en cela la disposition du droict Romain & d'vn ancien Arrest du Parlement, extraict du liure bleu du Chastelet de Paris, de l'an 1285. par lequel les Bourgeois de Paris furent exemptez de la refection des chemins qui sont dehors les portes de la ville. Les loix estiment vn legs grandement fauorable, quand il est fait pour la reparation des chemins: c'est pourquoy elles n'exceptent pas mesmes les Eglises & lieux sacrez, non plus que font parmy nous les constitutions de Charlemagne, & les Ordonnances des autres Roys, & les Arrests des Cours souueraines. Dauantage le grand Voyer a droict de prendre les espions, les vagabonds, messagers estrangers, on luy rend compte des marchandises apportées en France, ou transportées dehors, il defend & garde les limites du Royaume : il eſt en vne perpetuelle garde, pour entretenir la paix & dehors & dedans l'Eſtat. Se peut-il imaginer au monde vne plus grande & plus importante charge? C'eſt au Voyer à prendre garde que les arbres des particuliers ne pendent ſur les chemins, autrement d'en faire vendre les fruicts, comme fit jadis Candole, Lieutenant du Roy Mauſole, comme dit Ariſtote au ſecód liure de ſes Oeconomiques. C'eſt au grand Voyer à juger que quand vn fond eſt vendu auec ſa meſure & quantité, les chemins publiques, bornes, bois, riuages qui le touchent ou autres lieux publiques, ne ſont ny comprins ny entendus en ceſte clauſe, s'il n'eſt nommément dit au contraire. Capitolin eſcrit que Marc Antonin le Philoſophe donna le pouuoir aux Curateurs des chemins de punir ou de renuoyer au Preuoſt de la ville pour eſtre punis ceux qui demanderoient quelque choſe outre les peages ordinaires. Si donc nous attribuons à noſtre grand Voyer vne pareille authorité, nous ne pourrons faillir qu'auec l'exemple d'vn des plus grands Princes qui commanda iamais au monde. C'eſt

luy qui empefche qu’aucuns œuures publiques ne fe facent fans le confentement &
la volonté du Prince , pour ofter toute
emulation entre les villes & Citez , & re-
trancher toute matiere de fedition & de
tumulte.   C’eft luy qui empefche qu’on
ne face de nouueaux ouurages deuant que
les anciens foient refaits , ou ceux qui font
defia commencez ne foient accomplis.
C’eft luy qui a par tout le Royaume le foin
qu’auoient enciennement les Prefidens des
Prouinces foubs les Empereurs Romains,
de prendre garde à tous les ouurages publiques comme font les edifices de toutes
fortes ; les ponts , les ports , les chemins &
paffages , les portes & les murailles des villes,fontaines aqueducs, les porches & gal-
leries , bref tout ce qu’il y a de grand & de
publique en tout l’Eftat eft fujet à la pre-
uoyance de ce grand Magiftrat. Donc les
Temples,Eglifes&Chappelles,les maifons
du Roy , les chafteaux & palais font en la
tutelle & fauuegarde de ce grand Officier,
les murailles & portes de la ville qui font
chofes facrefainctes font auffi de fa jurifdiction, qui punit griefuement ceux qui
fes violent & paffent par deffus , & com-

mettent tels actes abominables d'hostilité,
qui les percent ou qui en emportent quelque chose. Il prend garde que les murs des
villes & forteresses ne se reparent sans la
permission du Prince, qu'on ne leur joigne
ou suppose aucune chose, & que la troisies-
me partie des reuenus des villes soit em-
ployé à la reparation & l'entretien d'iceluy,
& que les portes des villes ne soiēt habitées
sans permissiõ du Prince & sans grande occasion. C'est luy qui peut faire abbatre les
maisons des particuliers pour la commodité des œuures publiques , & qui permet
que ceux qui les ont faits recueillent le
fruict de leur munificence par l'inscription
de leur nom,& qui empesche que telles inscriptions ne soient effacées , qui arreste à
quelle despéce tels ouurages doiuent estre
reparez , qui empesche que les particuliers
ne renferment les lieux publics dans leurs
maisons,& prend garde que ceux qui jouïs-
sent des lieux publiques soient par mesme
moyen soigneux de les entretenir;bref c'est
luy qui maintient la splendeur du public,&
la munition des villes auec l'vsage & l'vtilité des particuliers. Puis donc que ce grand
Voyer a le mesme soin des œuures publi-

ques que les presidens des Prouinces auoiẽt
anciennement soubs les Empereurs Romains, il est raisonnable qu'il soit le juge
des differends qui arriuent à l'occasion des
bastimens ou reparations d'iceux, tout ainsi que les Presidens des Prouinces auoient
iadis ceste cognoissance, & consequem-
ment qu'il soit aussi l'arbitre & modera-
teur des frais & despens qui se font en tels
ouurages. Il ne preside pas seulement aux
edifices publiques, mais encore il prescrit
& ordonne aux particuliers de quelle façon ils doiuent bastir, quel espace ils doiuẽt
laisser, jusques à quel endroit ils doiuent
mener leurs bastimens, les empesche d'abbatre leurs edifices pour trafiquer, & d'o-
ster aucuns ornemens de leurs maisons, de
plus rendre difforme le regard de la ville,
& commande à chascun de reparer ce qui
est tombé : pour la mesme raison il a le soin
que personne ne bastisse en lieu public, sinon auec charge & rente qu'il en paye, &
que ce qui seroit basty en public cõtre l'or-
nement & l'vtilité de la ville soit abbatu. Il
ne permet pas que l'on bastisse à l'emulatiõ
d'autruy. Il ordonne du tout & de la hauteur, de la capacité & grandeur des mai-

ſons, empeſche que perſonne ne baſtiſſe au fond d'autruy ſans ſon conſentement, & aupres des murs & portes des villes de peur des incendies & trahiſons. Ce grand baſtiſſeur a touſiours ſes deniers preſts quand il baſtit quelque ouurage public comme l'eſcriture dit que Salomon auoit toute ſa deſpence preſte quand il baſtiſſoit le temple, & le baſtir diligemment, & croiſt incontinent l'ouuurage entre ſes mains, teſmoin nous en eſt la ville de Henricarmont eſleuée par ce grand perſonnage, en laquelle il ſurmonte la gloire des anciens baſtiſſeurs & fondateurs des villes. Ceux qui voyent ceſte ville

Mirantur portas ſtrepitumq; & ſtrata Viarum.
Vtque inſtent operi ardentes, pars ducere muros
Molirique arcem, & manibus ſubuoluere ſaxa
Pars optare locum tecto, & concludere ſulco.
Hîc portus alij effodiunt : hîc alta theatris
Fundamenta locant alij, immaneſque columnas
Rupibus excidunt ſcenis decora alta futuris.

Il a pareillement le ſoin & l'intendance des images & ſtatuës miſes en public, c'eſt luy qui ordonne où elles doiuent eſtre miſes, aux deſpens de qui, & qui abbat celles que l'on voudroit eriger ſans la permiſſion du Prince,

Prince, qui les a fait tranſporter & remettre en temps & lieu, & punit ceux qui voudroient ſe les approprier. C'eſt luy qui ordonne des conduits des eaux, qui les fait repurger, qui manie & meſnage l'argent deſtiné pour cela, qui a le ſoing des fontaines publiques, qui ſont les yeux des leuées & des riuieres, & les faiɕ rendre au public quand elles ſont vſurpées par les particuliers, & prend garde qu'aucun ne deriue l'eau des conduits,& ne la tire dans ſes terres. Les Cirques, Theatres, Amphithiteatres, les baings, les cloaques meſmes & eſgouts ſont en ſa diſpoſition & puiſſance. Car les loix ciuiles nous monſtrent que celuy doit permettre de faire vne nouuelle cloaque ou eſgout, qui a l'intendance des chemins publiques. Le grand Voyer a pareillement la cognoiſſance des foires,marchez, & lieux publiques, des ponts & paſſages, des ports & riuieres & de leurs leuées; & les maiſtres des ports, paſſages & chemins ſont ſujets à la juriſdiɕion du grand Voyer, les ports qui ſont les Palais & temple de Neptune, & comme les marchez de l'Vniuers, l'hoſtellerie de la terre habitable, & le commun refuge de tout le

monde, le repos & le falut de tous, où chacun repofe auffi doucement qu'au giron de
fa mere, qui ont tous les amours, les deli-
ces & plaifirs, & tous les attraits & philtres
de Venus, qui ont toutes les richeffes en
abondance comme vn nauire remply de
marchandifes, où toutes les plus contraires nations du monde viuent en concorde
& amitié, & s'affemblent comme en vn bá-
quet delicieux.   Les ports où les nauires
eftrangeres abordent en abondance, ou les
nations les plus efloignées nous enuoyent
tout ce qu'elles ont de plus rare & de pre-
cieux : digne fpectacle de tant de douces
chofes ! dignité inuentée pour l'honneur,
la foifon & la felicité de ce Royaume. Noftre grand Voyer exerce cefte charge auec
vne moderation fort grande, il fait l'abondance de l'Eftat quand il traite juftement
ceux qui abordent dans fes ports. La main
auare ferme les aduenuës,& quand elle fer-
re les doigts elle ferme quant & quant les
voiles des nauires qui ne trouuent point
de vents fi contraires que l'auarice de ceux
qui commandent au port, & maudiffent la
mer de leur auoir efté gracieufe, quand elles font battuës à l'arriuée des flots d'vne

cupidité barbaresque. Celuy qui veut trop prendre reçoit de peu de gens, & celuy se faict luy-mesme des presens qui modere ceux qu'on luy fait. Au reste, quel ouurage pensons-nous estre de commander aux vents & à la mer, & de leur presinir & ordonner des bornes pour côtenir leurs tempestes furieuses, & de diuiser les eaux de la terre qui leur est naturellement inferieure? Et neantmoins cela est de la jurisdiction & de l'authorité du grand Voyer. Tous les plus grands Roys, Princes & Monarques se font tousiours employez en cela, & ont pensé meriter vne gloire immortelle quand ils ont peu corriger quelque chose de la malignité des fleuues & des riuieres, & les rendre ployables & commodes à la volonté des hommes. Pourquoy est-ce que les Poëtes ont chanté leur Hercules dompteur de Charibdis & Scylla, sinon pour auoir rendu par certaines machines ces lieux nauigables, lesquels estoient auparauant tresdangereux ? Pourquoy disent-ils qu'il combatit le fleuue d'Achelois soubs la forme d'vn taureau, & qu'il en donna vne corne aux Ætoliens, qui fut appellée la corne d'abondance, sinon pour ce qu'il

C ij

deſtourna par ſon artifice vn endroit de la
riuiere , & luy donna vn autre cours qui
rendit la contrée des Ætoliens merueilleu-
ſement riche & plantureuſe ? Nous voyons
les deſſeins de noſtre grand Voyer du tout
ſemblables , qui ſeruiront d'argument aux
plus grands Poëtes, Orateurs , & eſcriuains
de noſtre nation pour luy forger vne gloire
immortelle. Pourquoy les Arcadiens ont-
ils tant honoré ce grand Heros ſinon pour
leur auoir fait creuſer vne foſſe aupres des
montagnes d'Orexis & de Sciathe pour receuoir les eaux , dont les champs eſtoient
couuerts ? Le meſme fit vne leuée de mille
pas en Italie, pour oppoſer à la mer, que depuis Ceſar s'employa de reparer , & la meſme choſe fut faite par Soſiris, Miris, & Au-
guſte en Ægypte , par la Royne Netocris
en Aſſyrie, Claudius & Neton en Italie; bref
tous les plus grands Princes du monde ont
monſtré que ceſt ouurage eſtoit digne du
ſoing Imperial. L'hiſtoire de Dion nous
apprend que Tibere eſtablit cinq Commiſ-
ſaires pour remedier aux inondations du
Tibre , ce que deuant luy auoit fait Auguſ-
te : & voit-on ſouuent és anciens monu-
mens ces mots, Curateur des riuages & du

canal du Tibre, qui nous tesmoignent que
les anciens prenoient à grand honneur ceste charge si importante au public : mais elle est aujourd'huy auec tant d'autres ren-,
fermée dans ceste grande dignité de Voyer
qui n'a pas seulement la commission & l'intendance d'vn fleuue, mais de toutes les riuieres de France, c'est à dire, des plus bel-
les qui soient au monde. Le pere de L'istoi-
re Herodote, raconte que Promethée Roy
de Scythie se vit en grande extremité pour
ne pouuoir destourner le fleuue qui se nõ-
moit Aigle pour sa vistesse, dont son Royaume estoit quasi noyé, en quoy personne
ne le peut secourir que la grande sagesse
d'Hercules qui le fit en fin cótenir en sesbor-
nes : Ainsi aux desbordemens & inondatiõs
de nos fleuues que nous auons veu depuis
naguere, la prudence de nostre grád Voyer
qui nous est vn Hercule, nous a esté grandement necessaire pour destourner ces fu-
rieux torrens des eaux qui rauageoiét comme le foudre tout ce qu'elles rencótroient.
Sans le grand soing qu'il a de faire bien for-
tifier les leuées, il aduiendroit ce que dit le
Prophete Esaye du fleuue impetueux *as-
cendet super omnes riuos eius, & flu*

vniuerſas ripas eius, & ibit per Iudam tranſiens, & erit extenſio alarum eius implens latitudinem terræ. Les Poëtes ont tant vanté la luicte d'Hercules auec le fleuue d'Achelois, par laquelle ils n'ont voulu entendre autre choſe que le bon ordre qu'il donna pour reſerrer ceſte riuiere, & la borner de bons remparts afin qu'elle n'innondaſt plus les terres & les champs comme elle ſouloit auparauant. La gloire de noſtre grand Voyer ne ſera pas inferieure à celle de ceſt Heros pour auoir tellement combatu cŏtre les plus forts & violens fleuues de la France qu'il a retenus dans leurs limites, & pourroient bien dire s'ils parloient ce que fait dire le Poëte au fleuue d'Achelois, *Nec tam turpe fuit vinci quàm contendiſſe decorum, magnaque dat nobis tantus ſolatia Victor.* En Ægypte il n'y a point de grand Voyer qui maintienne les fins & limites des terres, pource que le Nil par ſon deluge ſuruenu emporte tout ce que l'on y pourroit mettre pour les borner, tellement qu'au lieu du Voyer ou d'Arbitre des limites ces peuples ont recours a vn ſçauant Geometre qui les remet en tel eſtat qu'ils eſtoient auparauant, & diſtingue par vne raiſon cer-

taine les champs confus & indefinis. Mais
noſtre grand Voyer fait bien plus braue-
ment : car il empeſche par ſa vigilance &
induſtrie admirable le deluge de tant de
fleuues qui arrouſent & engraiſſent la Frã-
ce, & les reſerrant dans leurs bornes ac-
couſtumées il conſerue & maintient les fi-
nages eſtablis par les champs de toute antiquité, donc il eſt d'autant plus excellent
que tous les Geometres de l'Egypte, qu'il
vaut mieux pouruoir que le mal n'aduien-
ne point que d'y remedier apres qu'il eſt
venu. A tous ces droicts & authoritez du
grand Voyer il faut encore adjouſter la cognoiſſance des botnes que les anciens appelloient les Dieux des champs. C'eſt luy
qui fait ſainctement & inuiolablement entretenir ceſte belle loy de Platon eſcrite au
huictieſme liure de ſes loix, que perſonne
ne remuë les bornes du champ, ny du ci-
toyen ſon voiſin, ny de l'eſtranger qui luy
eſt proche s'il en poſſede le bout, mais qu'il
eſtime que c'eſt ce que l'on dit de remuer
les choſes immobiles, qu'vn chacun ayme
mieux remuer vn grand Rocher, qu'vne
petite pierre poſée par les Dieux auec ſer-
ment, par laquelle leurs amitiez & inimi-

tiez font bornées, car de l'vn Iuppiter le
contribule eſt le teſmoin, & de l'autre, Iu-
piter l'Hoſpitalier, qui font vne cruelle
guerre à ceux qui contreuiennent à leurs
loix. C'eſt luy qui renouuellera l'ancienne
loy des Grecs & des Romains, & qui fera
que ceux-là ſerõt tenus pour abominables,
eux, leurs bœufs & leurs cheuaux qui au-
ront labouré les termes & les bornes, & s'il
aduient que noſtre grandRoy face de nou-
uelles conqueſtes ſur les peuples ennemis,
ce grand Voyer ſera le diuiſeur & partiſ-
ſeur des champs nouueaux, comme il
maintient & conſerue tout ſeul l'Eſtat des
anciens, & fera de ſa ſeule authorité ce que
Serguſe premier Roy des Eſcoſſois fit faire
à ſept Officiers qu'il eſtablit pour la diui-
ſion des champs, & ne pratiquera plus ce
lourd & groſſier partage de Lycurgus, qui
rendit tous les citoyens eſgaux en poſſeſſions en la ville de Sparte, par vne belle
& geometrique ſymmetrie proportionne-
ra tout le monde, & donnera à chacun ce
qu'il eſtimera par ſa prudence eſtre par luy
merité. Et ne fera pas comme ces vieux reſ-
ueurs de Lacedemoniens, qui ne reco-
gnoiſſoient point d'autre Iuſtice que d'e-
ſtendre

ſtendre leurs limites , ce qui eſtoit cauſe qu'ils tenoient à grande gloire d'enuahir les terres & poſſeſſions d'autruy : mais cóme nourry en la police de Minos il bornera premierement ſes champs que ceux des autres, & entretiendra par tout ſagement & iuſtement vne ſainſte Geometrie , & ſoubs luy ce ne ſera pas la lance qui bornera les champs mais la Iuſtice, ainſi que fit jadis le grand Pompée auec les Parthes. L'interprete d'Homere nous apprend que autresfois la reputation de ce Poëte fut ſi grande que les Citez de la Grece decidoiēt leurs differends , touchant les limites de leurs Seigneuries par ſes vers , comme par le iugement d'vn treſſainſt & tres-incorruptible perſonnage. Ainſi les Ætoliens eurent Calydon, les Abydeniens Seſte, les Mileſiens Mycale , & les Atheniens Salamine : & fut fait vne loy en pluſieurs Seigneuries, que les enfans apprendroient la liſte des Nauires d'Homere, pource que ce grãd Poëte ſuiuoit touſiours les vrayes genealogies & deſcription des lieux & des contrées. Mais quand à nous lors que nous ſerons en quelque diſpute pour nos bornes & limites, ſoit en public, ſoit en particulier,

D

nous n'aurons point recours aux fables &
chanſons de nós vieux Poëtes, mais aux
ſages & iuſtes iugemens de noſtre grand
Voyer, les deciſions duquel nous appren-
drons & reuererons comme Oracles, & les
ferons apprendre aux ieunes & aux vieux,
afin de les laiſſer à la poſterité. Pauſanias
rapporte en ſes Corinthiaques, que les Co-
rinthiens apres eſtre paiſibles du pays ren-
doient leurs vœux & offrandes à Apollon,
Orien, ou le Terminateur: Ainſi quand par
la ſage ordonnance & diſpoſition de ce
grand Voyer, chacun iouyra de ſes heritages ſelon leurs fins & limites anciens, toute la France luy rendra des hommages
d'honneur & de loüanges, & ſolemniſera
ſa memoire à toute eternité. Car il n'y a
rien qui engendre tant la paix & aboliſſe
tant toutes les contentions des hommes,
que la diſtinction des limites & des bornes
Limes agro poſitus litem vt diſcerneret aruis.
La paix des maiſons particulieres & meſmes des Eſtats & Republiques, depend de
l'entretien des bornes & limites; c'eſt pourquoy quand les anciens les poſoiēt ils le faiſoient auec milles ſacrifices & ceremonies,
comme a remarqué le Poëte en ces vers.

----- & Lapis illic
Si stetit antiquus quem cingere sueuerat error
Fasciolis aut gallinæ pulmone rigare.
Frangitur & nullis violatur terminus extis.

Au contraire la côuention des particuliers
pour les bornes croift fouuét en vne grande guerre, comme celle des Iapiges & Ta-
rentins en Italie, s'embrafa tellement que
les Iapiges firent vne armée de vingt mille
hommes, & combatirent en bataille ren-
gée contre ceux de Tarente & de Rhege.
Ce grand Magiftrat empefche donc par
fon authorité plufieurs grandes querelles
& combats fanglants, qui fouuent fe font
pour les bornes & limites, comme les hiftoires difent que 300. Argiens fe battirét
fi furieufement contre 300. Lacedemoniens pour leurs bornes, qu'il n'en demeu-
ra que deux Argiens & vn feul de la ville
de Sparte. Il nous fera donc deformais ce
qu'eftoit aux anciens le Dieu Terminus
en la tutelle duquel eftoient les bornes des
terres & des champs, par lequel ils efti-
moient que ceux qui labouroient les bornes eftoient rendus execrables & maudits
auec les bœufs, & tous leurs biens & facul-
tez, comme nous apprenons des liures

de l’Antiquité. Pour auoir tout le domai-
ne, & toutes les finances du Roy entre ses
mains, il n’est point pour cela plus desi-
reux d’estendre les possessions de la couronne par delà leurs termes accoustumez
au prejudice des particuliers : mais les terres estans de leur nature immobiles il ne
les fait point mouuantes par vne condi-
tion contraire,& les fait demeurer en mesmes lieux qu’elles estoient auparauant.
Au contraire celuy est maudit en la loy de
Dieu qui transfere les bornes de son pro-
chain, & la translation des limites est mise
par l’escriture entre les plus grandes mes-
chancetez des impies. Et combien que l’i-
gnorance ou le cas fortuit excusét ordinai-
rement des crimes & delicts,si est-ce pour-
tant que les loix ciuiles veulent que celuy
qui ostera les pierres finales soit puny du
foüet, bien qu’il ne l’ait fait que par igno-
rance ou par fortune, tant les plus grands
Legislateurs ont eu ce fait à contrecœur.
Or soubs ce magistrat on ne retiendra plus
les bornes de ses terres par la force, mais
par les loix, & apres ses sages jugemens,
les parties rougiront de plaider d’vn im-
pudent visage, & seront seuerement punis

ceux là qui pour obſcurcir les bornes chã-
gent la face des lieux, *Quique ſacrum effodiunt medio de limite ſaxum.* Les bornes ſeront bien fichées & ne ſeront oſtées par les
loups comme furent jadis celles de Carta-
ge la Colonie. Iadis Numa conſacra des
pierres à Iuppiter terminal, & luy inſtitua
les ſacrifices terminaux, pource qu'il auoit
eſtably les bornes fidelles gardiennes des
champs : Et ceux qui ſont venus apres luy
ont tenu les bornes meſmes pour Dieux,
& leur ſacrifioient non pas des animaux
pource qu'ils eſtimoient choſe impie d'en-
ſangler les pierres ſacrées, mais les premi-
ces des fruicts des champs. Quand à nous
en recognoiſſance des biens que nous re-
ceuons en public & en particulier de noſtre Iuppiter borneur, nous luy ferons non
point au mois de Feburier ſeulemẽt, comme anciennement on faiſoit au Dieu Terminus, mais tous les iours de l'année des
offrandes d'honneur & de loüange, & luy
donnerons les fruicts des plus rares & ſin-
guliers eſprits de ce Royaume. Pource
que C. Mamilius Tribun du peuple fit vne
loy qui de ſon nom s'appella Mamilienne,
par laquelle il ordonnoit és bornes des

champs la largeur de cinq ou six pieds
qu'il defendoit de prefcrire, fut furnommé
Limitanus ou le borneur. A plus forte rai-
fon donnera l'on ce furnom à noftre grand
Voyer, en la garde & jurifdiction duquel
font tous les limites, & publiques & particuliers de la France. C'eft pourquoy les
Arpenteurs luy feront deformais fujets,
l'inftitution defquels les Roys ont touf-
jours eftimé eftre de leur propre foing,
comme nous lifons és hiftoires que Louys
le Gros les inftitua en l'année 1115. ce qui
fut renouuellé par fes fucceffeurs, & enre-
giftré au Chaftelet de Paris en l'an 1296.
& le Roy Charles crea vn grand Maiftre
des Arpenteurs au mois de Decembre 1563
& luy donna de beaux priuileges, lequel
deformais feruira pour rehauffer la dignité du grand Voyer. C'eft luy foubs lequel
militent ceux qui vuident toutes les con-
trouerfes des champs comme du finage,
du lieu de la forme & mefure, de la pofi-
tion des termes, de la rigueur ou rectitu-
de, de la proprieté, de la poffeffion, de l'al-
luuion du droit de territoire, des terres
fubfefiues, des lieux delaiffez & mis dehors, des lieux facrez & religieux, de l'eau

de pluye, & des chemins, ainſi que nous apprenons de Frontius. O grande & excel-
lente dignité ! dont la viue ſageſſe anime
tous les membles de ceſte puiſſante Mo-
narchie, & qui as la puiſſance de poſer les
bornes & limites juſques au Rhin, l'ancien terme des Gaules & de la Germanie;
tu ſeras à iamais reuerée de la poſterité, d'a-
uoir eſté inſtituée par le plus grand Roy
de la terre, pour combler la grandeur de
celuy qu'il a par ſus tous honoré de ſes ju-
gements immortels. Auſſi liſons- nous
dans les Commentaires de Ceſar, de la
guerre Gauloiſe, que parmy nos majeurs
les Druydes, tant eſtimez & honorez par
ſus tout le monde, auoient principalement
la cognoiſſance des limites & des bornes:
comme ſi ceſte cognoiſſance n'apparte-
noit qu'aux plus ſages & venerables perſó-
nages. Auſſi liſons nous qu'entre les Grecs
le Cherſoneſe fut limité jadis par vn autel
de Iuppiter montaigneux, que par ceſte
belle inſcription ils monſtrerent faire luy-
meſme Office de grand Voyer pour oſter
le debat & la contention entre les hommes en ces beaux vers.

Τὸν δὲ καθιδρύσαντο θεῷ περικαλλέα βωμὸν
Λεύκης καὶ πτελέου μέσσον ὅρον θέμενοι
Ἐννάεται χώρης σημήιον. Ἀμμοείης δὲ
Αὐτὸς ἄναξ μακάρων ἐπὶ μέσσος Κρονίδης.

De sorte qu'il ne se faut pas estonner si l'on voit dans l'histoire de l'Eglise, que les controuerses qui estoient entre les Eglises pour les bornes des champs se decidoient mesmes par le Concile, tant elles estoient estimées de consequence, qu'il falloit qu'à ces jugemens là presidast le sainct Esprit. Puis donc que ceste charge est si grande, si vniuerselle, & s'espand par toutes les parties de l'Estat, ce n'est pas sans cause qu'elle a tousiours esté donnée aux plus grands personnages. Les anciens donnoient la guide & la tutelle des chemins aux Dieux mesmes qu'ils appelloient Vios, ou bien θεοὺς ἐνοδίους ou Lares Viales, & Appollon president des chemins s'appelloit ἀγυιεύς comme rapporte Pausanias, & sacrifioient aussi à la Deesse Vibilia, que l'on estimoit tirer les hommes des erreurs des chemins comme escrit Arnobius, ainsi que mesmes les Chrestiens reueroient nostre Dame τὴν ὁδηγήτριαν comme rapporte Nicephore Gregoras au huictiesme liure de son histoire, ftoire , tout cela pour monſtrer que les chemins ſont l'vne des plus grandes & importantes choſe qui ſe puiſſe remarquer en la vie des hommes , voila pourquoy les loix appellent le ſoing & l'intendance d'iceux, œuure Royal & treſdigne d'vn Prince, & les Lacedemoniens penſoient faire vn treſ-grand honneur à leurs Roys quãd ils leurs donnoient la juriſdiction & cognoiſſance des chemins publiques. La ſeureté & le ſoing des voyes & chemins appartient au Prince, comme dit le Iuriſconſulte Vlpian. Ceſte charge fut autrefois donnée aux Ædiles , voire meſme aux Cenſeurs qui faiſoient pauer les ruës de la ville de caillou, & les chemins hors la ville, de grauois ; ainſi que nous liſons dans Tite Liue. Nous voyons dans les loix que les Ædides caſſerent des Lits pour les auoir trouuez dans le chemin, & nous apprenons de Dion que la robe de Veſpaſien qui exerçoit lors la charge d'Ædile fut ſouïllée & remplie de bouë , pour n'auoir pas fait ſon deuoir de nettoyer les ruës. Parmy les Grecs comme en la ville d'Athenes les Eſcheuins auoient la charge de faire applanir les ruës & d'empeſcher que les che-

mins des champs ne fuſſent gaſtez de foſ-
ſes, leuées ou chauſſées, ou de quelques
edifices, comme dit Platon au ſixieſme liure des loix. Mais depuis que l'Eſtat eſt
venu en la main d'vn ſeul, les Princes meſmes ſe ſont chargez de ce ſoing des voyes
& chemins, eſtimans qu'il eſtoit raiſonna-
ble de donner de leur propre main la liberté d'aller & de venir à ceux-là deſquels ils
tiroient des ſubſides & tributs. Tellement
que ſ'il eſt queſtion de changer l'eſtat d'vn
chemin, ou de le transferer, ou de planter
des bornes, autre Iuge ne le peut entre-
prendre que le Iuge Royal, parce que les
chemins ſont contez entre les droiſts du
Prince, comme il a eſté jugé par vn vieil ar-
reſt de la Chandeleur, en l'année 1090. qui
ſe void aux regiſtres de la Cour. Mais s'il
s'agit de refaire vn chemin, de le munir,
reparer, ou pauer, l'ordinaire des lieux en
peut cognoiſtre, non pas tant de ſa propre
authorité, que de celle qui luy eſt commiſe
par le Roy pour l'vtilité publique. Les plus
grands Roys, Princes & Magiſtrats ont
eux-meſmes fait dreſſer, pauer, & munir
les chemins, nous en voyons des exemples
infinis dans les hiſtoires, comme dans Dio-

dore nous lifons le chemin de Semiramis qu'elle fit dreffer à grands frais pour aller à Iarcée montagne de Medie, afin de laiffer vne marque eternelle de fon nom à la pofterité, Dans Plutarque nous voyons que Caius Gracchus receut vne tref-grande gloire pour dreffer & accouftrer les grands chemins ayant le foing que la grace & la beauté y fut conjointe auec la commodité, les faifant tirer à droite ligne à trauers les champs folides & affermis en les pauant de pierre dure taillée, & les fondant deffus force arene entaffée qu'il faifoit conduire fur les lieux. Quant il fe rencontroit des valées & des fondrieres cauées par les torrens, il les faifoit combler, ou baftir des pôts par deffus de hauteur efgale aux deux coftez, de forte que l'ouurage venoit à fe trouuer tout applani & tout vni au niueau, chofe qui eftoit fort belle à voir. L'hiftoire adjoufte qu'il fit compartir & diuifer tous ces chemins par milles, contenant chafque mille pour le marquer, vne pierre: & fi fit encore mettre aux deux orées de ces chemins, ainfi pauez deçà & delà d'autres pierres vn peu releuées, moins diftantes l'vne de l'autre, pour aider les voyageurs à monter à cheual sans besoing de personne : pour toutes lesquelles choses l'Historien dit, que ce grand personnage fut hautemēt magnifié par le peuple & luy fit toutes demonstrations de bienueillance & de faueur.   Et afin qu'on ne die point que Gracchus estoit homme trop populaire, & que ce qu'il en faisoit estoit indigne du rang qu'il tenoit, & à dessein seulement de gaigner la bonne grace du simple peuple, L'histoire Romaine recōmande la censure d'Appius Claudius pour auoir dressé le chemin qui fut dit Appien de son nom, & dit que ce graud Scaurus Æmilius nettoya les chemins, & munit ceux qu'on ne pouuoit auparauant aborder, & que Marcus Lepidus & Caius Flaminius firent dresser en leur Consulat le chemin Flaminien. Qu'est-ce que le monde a veu de plus grand & redoutable que Caius Cesar ? & neantmoins il eut la commission du chemin Appien, & fit vne merueilleuse & incroyable despence en la reparation d'iceluy. Ce qui luy acquit la biēueillance du peuple qui luy seruit par apres d'eschelon pour paruenir à l'Empire. Depuis il ne se contenta pas de tarir le marais

Ponticien, en quoy faifant il obligea mer-
ueilleufement les prochaines contrées,
mais il fit trauerfer vn chemin par le milieu
d'iceluy, moyennant quelques ponts qu'il
y fit, afin de rendre le chemin à la ville &
plus court & plus cómode. De toutes lefquelles chofes on voit encore auiourd'huy
les traces auec vne grande magnificence,
en telle forte que les ruïnes mefmes en sót
admirables à ceux qui les regardent. Quoy?
ce grand Conful Romain M. Æmilius
apres auoir appaifé les Geneuois, ne fift-il
pas dreffer le chemin pour aller de Plaifan-
ce iufques à la ville d'Arimini? Et le Cen-
feur Flaccus ne fit-il pas vn nouueau chemin trauerfant par la montagne Formien-
ne? Augufte Cefar fon fucceffeur, la mer-
ueille du monde, fe referuát la voye Flami-
niene pour la faire munir iufques à la ville
d'Arimini, departit les autres aux vieux
Capitaines honorez du triomphe, & leur
donna la charge de les reparer des def-
poüilles des ennemis. Ie ne pafferay pas
foubs filence le bon Trajan, qui paua de
pierres les marais Ponticiens, & fit baftir
des edifices aupres des chemins & des pórs
tref-magnifiques. Ny noftre grand Char-

lemagne qui fit munir & pauer le chemin depuis la Colonie d'Agripine jufques à Paris, comme dit Auentin en fes hiftoires. Tous lefquels exemples môftrent euidemmêt combien cefte charge de grand Voyer eft grande & releuée, puifque tous les plus grands Magiftrats & Capitaines Romains, & les Empereurs qui commandoient à tout le monde fe font fentis honorez de l'exercer. Anciennement lors que la Republique Romaine eftoit en fa fleur, le peuple eflifoit vingt & fix perfonnages dont il y en auoit quatre Commiffaires des voyes & chemins en la ville & deux dehors, mais Auguste en retrancha deux, & voulut qu'ils fuffent efleus de l'eftat des Cheualiers ayant auparauant accouftumé d'eftre pris d'entre les enfans des Senateurs, & ce Vigintiuirat eftoit comme la porte à tous les honneurs, mefmes aux enfans des Empereurs, ainfi que nous lifons au 58. liure de Dion en la vie de Claudius: fi d'auenture le Senat ne les difpenfoit de cefte charge, dont nous auons vn exemple remarquable dans Cornelius Tacitus au ttoifiefme liure des Annales, où l'Empereur Tibere recommandant au Senat

Neron, l'vn des enfans de Germanicus, de-
mande qu'il soit dispensé de la charge du
vigintiuirat dont faisoit partie la commission des voyes & des chemins.   Les loix
Romaines nous apprennent qu'incontinent apres la creation des Consuls, on esta-
blit à Rome quatre Voyers pour auoir le
soing & l'intendance des chemins.   Ceste
charge n'estoit pas mesprisée mesmes par
les Cesars, comme par Octauius qui les re-
fist partie aux despens du public, partie
aux siens, & partie aussi aux frais de quelques Senateurs, & fut creé luy-mesme
grand Voyer, & designa des gens Preto-
riens pour la refection des chemins qui
auoient chacun deux Sergens, tant ceste
chose leur estoit recommandée, & tant
ils l'estimoient necessaire pour le commer-
ce & l'entretien de la vie des hommes qui
ne se peut aucunement passer de ceste có-
modité, ny en public ny en particulier. Il
y a plusieurs inscriptions anciennes qui tesmoignent ce que ie viens de dire : mais ie
me contenteray d'en rapporter deux sin-
gulieres, dont la premiere est telle *Imp. Cæsar Diui F. Aug. Pont. Max. Cos. XI. tribun.
potest. x. Imp. viiij. orbe mari & terra pacatis,*

*templo Iani cluso & rep. P. R. optimis legibus
& sanctißimis institutis reformata viam supe-
rior. cos. tempore in choatam & multis locis in-
termissam pro dignitate imperij P. R. latiorem lõ-
gioremq. Gades vsque promouit:* la seconde est
telle *Imp. Cæsar Aug. M. Aurelius Antonius,
Pius Felix Aug. Parthicus* MAX. *Britănicus* MAX.
*P. M. P. Cos. iij. desig. iiij. Viam inundatione aquæ
interruptam restituit.* Le Consul M. Æmilius
Lepidus dressa le chemin Æmilien appellé
de son nom depuis la ville d'Arimini iusques à Bolongne & Plaisance, & de là vers
Aquilée iusques aux Alpes conduisant
son ouurage par les marais, comme dit
Strabon. Ainsi le chemin Apien, *quæ limite
noto, Apia longarum teritur Regina viarum.* fut
dressée par Appius Claudius le Consul depuis la porte Capene iusques à la ville de
Capouë, & depuis fut continué ou par C.
Gracchus, ou par Caius Cæsar ou par Auguste, car cela n'est pas bien certain. Ainsi
lisons nous que Cæsar fut Curateur du
chemin Apien & Thermus du Flaminien,
qui estoient charges si honorables que Pli-
ne ce grand & docte Senatur familier de
l'Empereur Traian escrit en ses Epistres,
qu'il receut vn singulier contentement
quad

quand il entendit que Cornutus Tertullus
son amy estoit fait Curateur du chemin
Æmilien. Ces Curateurs bailloient à ferme
la refection & munition des chemins, &
les partisans les prenoient d'eux qui s'appelloient entrepreneurs. Nous apprenons
d'Heraclides au liure des Polices que le
plus grand homme d'Athenes, Themisto-
cles & le Senat d'Areopage auoient le soing
& l'intendance des chemins publiques. Si
donc c'estoit anciennement à Rome vn
grand honneur d'auoir la charge & commission d'vn seul chemin qui ne se donnoit
qu'aux plus illustres & signalez personnages, qu'estimerons nous de la dignité du
grand Voyer de France, soubs l'authorité
duquel demeure la disposition entiere de
tous les chemins de ce grand & puissant
estat, qui ne trouue aujourd'huy son pa-
reil en toute la terre habitable ? Anciennement les Curateurs ou Commissaires des
chemins les nommoient de leurs noms,
pource qu'ils estoient deputez à chaque
chemin seulement : Nostre grand Voyer
n'en peut faire autât non pour auoir moins
de lustre & de puissance qu'eux, mais pour
ce que ayant tous les chemins en sa dispo-

sition, il les faudroit tous appeller de mesme nom, & neantmoins il est tres-raisonnable que pour honorer la memoire d'vn si grand personnage, le plus grand chemin de la France qui passe par le milieu du Royaume, soit desormais appellé le Maximilien ou le Bethunien. Nous apprenõs de l'histoire des Grecs, que les malueillans d'Epaminondas luy firent donner la charge de Voyer, qui estoit peu de chose en la ville de Thebes, comme par mespris, apres auoir esté Capitaine general de la Beoce: & que luy neantmoins d'vn grand courage protesta qu'il rendroit la charge de petite qu'elle estoit, grande & remplie de dignité. Mais au contraire le puissant Duc de Sully qui ne pouuoit plus rien receuoir de grand en l'Estat de son Prince, reçoit de luy ce nouueau Magistrat, comme la couronne de sa gloire, auquel il fera tant d'actes signalez, que ceux qui viendront apres luy le tiendront pour le sommet d'honneur & de grandeur. Les fins & limites des champs serõt si bien establis soubs ce grand Voyer, qu'au lieu que les hommes souloient se heurter pour leur voisinage, la commu-

nauté des champs sera cause de leur concorde, & la grace des possesseurs se liëra
par la diuision des bornes, & seront tous
embrassez par vne mesme loy & discipline
esgale : Bref l'Estat luy sera redeuable de sa
tranquillité pour auoir ietté dans les peuples les semences de charité. Le grand Capitaine Corbulon eut la charge de reparer
les chemins d'Italie, criant tous les iours
que beaucoup d'iceux estoient rompus &
inaccessibles par la malice des partisans, &
la negligéce des Magistrats, laquelle charge ne fut pas tant vtile au public que per-
nicieuse à plusieurs particuliers qui en furent ruïnez en leurs commoditez & reputation par condemnations, saisies & ven-
tes de leurs biens : Mais personne ne dira
que ceste dignité de grand Voyer ait ap-
porté subject à personne du monde de se
plaindre, mais bien occasion de loüange &
de contentement à tous & en public & en
particulier, pource que les chemins sont
nettoyez de tous dangers & empeschemés
quelconques, & chacun va commodément
en ses heritages & en voyages sans crainte
des voleurs & meurtriers. Nous pouuons

dire de luy qu'il est restaurateur ou le restablisseur de la liberté des chemins,ce que jadis disoit le Poëte Claudian du CapitaineStilicon meritant vne semblable loüäge.

Grates Gallus agit, quòd milite tutus inermi
Et me tuens hostile nihil, noua culmina totis
ædificet ripis , & sæuum gentibus amnem
Tybri dis in morem domibus præuelet amœnis.

Et peu apres,

----qui clausa tot annis
Oppida, laxatis ausus iam pandere portis
Rursus cote nouat nigras rubigine falces
Exesosque situ cogit splendere ligones
Agnoscitque casas, & collibus oscula notis
Figit, & impresso glebis non cedit aratro.

Auparauant nous estions *incerti quo fata ferant vbi sistere detur*, Mais soubs ce grand Voyer , *omnia sunt paribus numeris dimensa Viarum.* Et par son moyen paisiblement & en toute seureté. *Hanc ex diuerso sedem veniemus in Vnam.*

Nec nos Via fallet euntes, &,
Longarum hæc meta Viarum.

Il sera donc nostre Mercure auquel nous dresserós des statuës és chemins qubliques en recognoissance du bien receu de luy de

les auoir entierement repurgez & rendus
asseurez & pacifiques, comme par son bon
mesnage , gouuernement , & conseil il a
rendu l'Estat asseuré au dedans & redoutable aux estrangers.